Peter Frey · Der Tod des Zuckerbäckers

Peter Frey

Der Tod des Zuckerbäckers

Schwarze Gedichte

Weidling Verlag

Mit Illustrationen
von Bernhard Gögler

ISBN 3-922095-32-1

© Weidling Verlag, Stockach (Wahlwies), 1997

Texterfassung und Einbandidee: Angela Apel
Einbandgestaltung: Bernhard Gögler,
unter Mitwirkung von Joachim Zettl
Fotos: Paul Grom
Redaktion und Lektorat: Barbara Müller
Satz, Satzbearbeitung, Belichtung und Typographie:
Setzerei Schumacher, Radolfzell
Druck und Bindung: Druckerei Wahlwies

Inhalt

Menschen und Schicksale

10	Ticktack
11	Das Kind im Wald
12	Noch eine Menge Geld
13	Das Licht der Frau Konsul
14	Post, mortem
16	Chambre rouge
17	Milch
18	Madame Sucette
19	Zum Fisch Likör
20	Erbsensuppe
22	Salbe
23	Sense
24	Zopf
25	Zur See
26	Estrich
28	Von Arzt zu Arzt
29	Roulett
30	Murmel
31	Faun
32	Symmetrie
33	Gipfel
34	Ganz in Weiß
35	Umsatz
36	Der Archivar
38	Brause
39	Ich?
40	Schwarz, halbfett
41	Billett
42	Wunderkind
43	Kürzlich in der Abendstunde
44	Edelkirsch

45	Reinemachen
46	Mitgegangen
48	Saure Nieren
49	Nikolaus
50	Toll
51	Herz

Politik, Kirche, Gesellschaft

54	Morgen abend, selber Ort
56	Fern
57	Väter Väter
58	Frieden ist
59	Gefallen
60	Sommerloch
62	a tempo
63	Im Dienst der Kunst
64	Live
65	Mac Cannibal
66	König Alkohol
68	Die Hände des Pianisten
70	Lachs und Konsorten
71	Sonntag
72	Etwas zu weit
74	Auf die Bibel
75	Zeitverschiebung
76	Klein
77	Frau Claire
78	Knall
80	Das Zimmer

Umwelt, Zeitzeichen

- 82 Halb so schlimm
- 84 Credo
- 85 Luft weg
- 86 Klar!
- 88 Ersatz
- 89 Ei an sich
- 90 Light
- 92 Blau
- 94 Trend
- 95 Kahlschlag
- 96 Walium

Fabeln

- 100 Keine Solidarität unter Tieren
- 101 Die Zecke
- 102 Drama am Rande
- 104 Die überlisteten Mäuse auf dem Speicher
- 105 Viele, viele Briefe
- 106 Groß und klein
- 108 Humanist
- 109 Die Schnake
- 110 Königlich
- 112 Schlosshund
- 113 Faden
- 114 Wie im Flug
- 116 Die Libelle
- 117 Hilfe
- 118 Unter Wert
- 119 Bildung mit Haken
- 120 Vogelflug
- 121 An Sardine
- 122 Der Mann im Mond

- 125 Zu Peter Frey
- 127 Zu Bernhard Gögler

Menschen und Schicksale

Ticktack

Snok, der junge Zuckerbäcker
Stellte abends seinen Wecker
Las vom Krimi noch den Schluss
Weil man schließlich wissen muss
Wer am End' der Schurke war

Draufhin schlief er schnelle ein
Um am Morgen fit zu sein
Ticktack ticktack macht der Wecker
Und es schnarcht der Zuckerbäcker
Träumt und ahnt nicht die Gefahr

Leise geht die Türe auf
Durch schiebt sich Pistolenlauf
Und fast wie beim Krimischluss
Fällt ein schallgedämpfter Schuss

Triptrap triptrap tropfen Tröpfchen
Roten Bluts aus Snokens Köpfchen

Ticktack ticktack macht der Wecker
Heut' verschläft der Zuckerbäcker

Das Kind im Wald

Das kleine Kind, fünf Jahre alt
Ging in den tiefen dunklen Wald
Dort sah es viele Bäume stehen
Und noch viel andres gab's zu sehen
So blieb es länger in dem Wald
Und wurde sechzig Jahre alt
Doch bei des Kindes Wiederkehr
Da hatt' es keine Eltern mehr
So ging es wieder in den Wald
Und wurde hundert Jahre alt
Dann ist's nochmal zurückgekommen
Und hat sich ziemlich schlecht benommen
Als immer schlimmer wurde sein Betragen
Hat man's am Ende totgeschlagen
Und weil's ja auch so alt geworden
War's an der Zeit, es zu ermorden
Der Wald ist danach abgebrannt
Die Ursach' dafür unbekannt

Noch eine Menge Geld

Der letzte Mensch auf dieser Welt
Besaß noch eine Menge Geld
Mit dem, im Falle schlechter Zeiten
Den Unterhalt er wollt bestreiten
Doch gab es nichts zu kaufen mehr
In Straßenschluchten, tot und leer
Da wurde ihm zutiefst bewusst
Der materielle Scheinverlust
Doch wollte er nicht einfach sterben
Und niemandem das Geld vererben
Die Wahl traf einen alten Mann
Der fing vor Glück zu zittern an
Und zog zum Dank ganz tief die Mütze
Sein Spiegelbild in einer Pfütze

Das Licht der Frau Konsul

Die Frau des Konsuls war bekannt
Dafür, dass gerne sie verschwand
Bei diplomatischen Empfängen
Mit fremden Herrn in dunklen Gängen
Ihr Mann, den dieses schrecklich schmerzte
Derweil gequält beim Schampus scherzte
Und vorgab, dass ihn nicht belaste
Wofür er insgeheim sie hasste
Als einmal kurz auch er verschwand
Fiel keinem auf, wie elegant
Ihr Licht erlosch durch eine Panne
Der Fön glitt in die Badewanne

Post, mortem

Im Wasser trieb ein toter Mann
Er hatte einen Smoking an
Und war vergnügt und guter Dinge
Und machte kleine Wasserringe
Zuhause lag sein Abschiedsbrief
Den seine Frau, die jetzt noch schlief
Befreit von ihrer größten Bürde
Beim Frühstück überfliegen würde
Und beim Postskriptum dann am Ende
Ein bisschen auch zur Trauer fände
Du wirst, stand da, mich nicht vermissen
Das weiß ich, Schatz, und du sollst wissen
Dass Auto, Haus und Wertpapiere
Ach, Liebling, wie ich mich geniere
Der Bank gehören und nicht mir
Adieu, mein Herz, ich danke Dir!

Chambre rouge

Im Dorfteich, in geringer Tiefe
Fand man ein Bündel Liebesbriefe
Und auch den Leichnam einer Frau
Noch jung und schön, die Augen blau
Am Ufer standen reichlich stumm
Die Bauern aus dem Dorf herum
Sie alle kannten ja die Tote
So gut wie jenes jener zehn Gebote
Das hieß Du sollst nicht ehebrechen
Und sie so oft des nachts beim Zechen
Gelobt und doch gebrochen hatten
Um, Fleisch ist schwach, sich zu gestatten
Der Schankwirttochter beizuwohnen
Die sich für solches ließ entlohnen
Und stets empfing in ihrem Reich
Im Chambre rouge mit Blick zum Teich
Aus dem man sie nun triefend barg
Und schnell verschloss im Kirschholzsarg
Samt ihrem Bündel Liebesbriefe
Ruht sie nun wieder in der Tiefe

Die Bauern aber, wie verdammt
Verstarben plötzlich allesamt

Milch

Der Milchmann machte stets die Runde
Zu vorgerückter Morgenstunde
Und kannte all die feinen Damen
Oft weitaus mehr, als nur beim Namen
Er kam auf rätselhafte Weise
Ums Leben bei der Fernostreise
Zu der ihn eingeladen hatten
Der Damen feine Ehegatten

Madame Sucette

Der Tod kam mit der Sahnetorte
Er nickte stumm und ohne Worte
Entführte er der Kaffeerunde
Madame Sucette zur letzten Stunde
Und zeigte ihr nochmal die Sachen
Die schlanke Menschen dicker machen
Wie Schokoladenplätzchen, Nussmakronen
Und Pralinees und Williamsbohnen
Madame schlug vor noch zu verweilen
Und sich das Naschwerk doch zu teilen
Der Tod, von vornehm kühler Blässe
Erwähnte, dass er niemals esse
Und außerdem sei ihre Zeit
vorbei – und dies die Ewigkeit
Und das, was sie hier vor sich sehe
Ein Trugbild, ob sie das verstehe?
Nein ganz und gar nicht, sprach Madame
Und knabberte ein Plätzchen an
Und löffelte mit Hochgenuss
Ganz irdisch eine Schokomousse
Der Tod rief: Was Sie nicht begreifen
Madame, Sie sind hier um zu reifen!
Mein Herr ich möchte, dass Sie wissen
Ich reife noch mit jedem Bissen!
Der Tod nahm mit Gelassenheit
Notiz von dieser Möglichkeit
Und ließ ihr von den Mandelecken
Ein Splitterchen im Halse stecken
Sie rang nach Luft noch, wurde matt
Und war für alle Zeiten satt

Zum Fisch Likör

Ein Koch verstand sein Handwerk gut
Nur eines brachte ihn in Wut
Die Gäste, die nur gierig fraßen
Und die Kultur dabei vergaßen
Am allermeisten hasste er
Herrn Doktor Speckbauch, der Likör
Zum Seefisch trank und dabei rauchte
Und im Lokal die Luft verbrauchte
Und der das Dessert erst dann genoss
Wenn er's mit Ketchup übergoss
Und selten seine Rechnung zahlte
Und Trinkgeld nur aufs Tischtuch malte
Doch eines Tages blieb sein Tisch
Verwaist, trotz frischem Hochseefisch
Dafür stand auf der Tageskarte
Aus eigner Schlachtung Speckbauchschwarte

Erbsensuppe

Der General versprach der Truppe
Im Siegesfalle Erbsensuppe
Mit Speck und einer Scheibe Brot
Und Schnaps, dies war sein Angebot
Dann zog er sich ins Camp zurück
Und aß ein Gänseleberstück
Und lauschte ehrfurchtsvoll dem Toben
Der wilden Schlacht am Berghang oben
Und wusste, als die Erde bebte
Dass er Geschichte miterlebte
Dann aß er fangfrische Languste
Und zählt' durch's Fernglas die Verluste
Und orderte für seine Truppe
Die halbe Menge Erbsensuppe

Salbe

Die Frau des Apothekers war
Betörend schön, doch in Gefahr
Anstatt den Giftschrank zu verehren
Mit jungen Herren zu verkehren
Die sie nach mancher Salbe fragten
Und alle über Rheuma klagten
Es kam der Tag, an dem ihr Mann
Ein Ischiasmittel neu ersann
Und ganz bewusst so gut versteckte
Dass seine Frau es bald entdeckte
Und, worauf zunächst nichts passierte
Den jungen Herren einmassierte
Die gar zuerst die Wirkung priesen
Und sich verstärkt behandeln ließen
Und erst nach etwa sieben Wochen
Im großen Zeh ein dumpfes Pochen
Das langsam Lähmung wich, verspürten
Bis sie ganz vorsichtig berührten
Mit ihrer Hand das ganze Bein
Das eingeschlafen schien zu sein
Und dann sich samt der Hüfte löste
Was die Gestalt zwar sehr entblößte
Wodurch jedoch, ganz unbestritten
Die Herrn an Ischias nicht mehr litten
Nur scheiterte ganz knapp, welch Jammer
Die Salbe vor der Pharmakammer

Sense

Die junge Witwe war so schön
In ihrem Schwarzen anzusehen
Auch wie sie sich die Tränen tupfte
Und in das weiße Tüchlein schnupfte
Und dann sich mit der Puderquaste
Ein bisschen keckes Rouge verpasste
Dies alles zeigte oberflächlich
Wie fein und zart und wie zerbrechlich
Sie war, die alles schrecklich schlauchte
Und die nun dringend Hilfe brauchte
Die bot denn auch der Pastor an
Und außer ihm ein junger Mann
Der etwas weiter hinten stand
Den andren Gästen unbekannt…
Am Abend nach der Trauerfeier
Beobachtet' Frau Trude Meier
Die vis-à-vis der Witwe wohnte
Und stets in ihrem Ausguck thronte
Wie hinter wehenden Gardinen
Zwei Schatten zärtlich sich umfingen
Frau Trude Meier lehnte sich
Um mehr zu sehen, lediglich
Zum Fenster etwas weiter raus
Und plumpste in ihr Gartenhaus
Das, schilfgedeckt, den Aufprall schwächte
Doch leider, und das war das Schlechte
Hing eine Sense an der Wand
Was Trude nicht mehr überstand
Dem Witwer Meier bot alsdann
Allein der Pastor Hilfe an

Zopf

Ein Förster ging durch seinen Wald
Und machte alle Tiere kalt
Man steckte ihn ins Krankenhaus
Und forschte seine Psyche aus
Sie fragten ihn, ein Beispiel nur
Wie lang war Ihre Nabelschnur
Und, ohne Sie zu sehr zu drängen
Kann's sein, dass Sie noch heut' dran hängen
Der Förster schüttelte den Kopf
Und sagte, dass der Hefezopf
Den seine Mutter täglich buk
Ihm stets den Appetit verschlug
Die Ärzte seufzten oh und ah
Und nannten es das Zopftrauma
Und reisten mit dem neuen Wissen
Rund um die Welt zu Zopfkongressen
Und klopften sich mit gutem Grund
Ganz kollegial die Schultern wund

Dem Förster half dies alles kaum
Er saß in einem kleinen Raum
Aus Gummi und las Hölderlin
Und dachte traurig vor sich hin
Und sehnte sich, der arme Tropf
Zum ersten Mal nach Hefezopf

Zur See

Novembernacht am Themseufer
Nebelhorn und fern ein Rufer
Der erstickt um Hilfe schreit
Doch die gibt's nicht weit und breit
Tuckernd kreuzt ein Fischerboot
Jene Spur, die purpurrot
Sich im dunklen Strom verliert
Der nachts manches Treibgut führt
Heute kommt ein ehrenwerter
Kleiner Banker etwas später
Als normal nach Hause nur
Und erzählt, die Armbanduhr
Habe Schuld an dem Malheur
Müsse eine neue her
Aber, was erfreulich sei
Über ihm, der Platz sei frei
Der Kollege, wer's versteh'
Fahre neuerdings zur See

Estrich

Ein Architekt nahm seine Frau
Gern und oft mit auf den Bau
Und war glücklich viele Jahre
Bis sich eines Tags das wahre
Wesen seiner Frau verriet
Als diese sich dafür entschied
Mit jenem jungen Assistenten
Ihres Mannes zu vollenden
Was ganz harmlos einst begann
Und an Leidenschaft gewann
Und, um dafür frei zu sein
Reichte sie die Scheidung ein
Doch so wie befürchtet nicht
Gab ihr Mann ihr grünes Licht
Nur, er habe eine Bitte
Eine letzte Bauvisite...
Dies erschien ihr sehr bescheiden
Und sie tat ihn gern begleiten
Bald darauf beging man festlich
Die Begehung auf dem Estrich
Was daran Besondres sei
Fragte man so nebenbei
Und der Architekt erklärte
Dass man oft gering bewerte
Wenn man nicht sogleich entdecke
Worin doch ein Leben stecke...

Von Arzt zu Arzt

Ein Psychoanalytiker
War selbst sein schärfster Kritiker
Der noch mit seinem Spiegelbild
Von Arzt zu Arzt sich unterhielt
Bald teilte er schon früh am Morgen
Mit dem Kollegen seine Sorgen
Im Badezimmer, unrasiert
Fachsimpelte man ungeniert
Schizophrenie sei, keine Frage
Die weltweit sicher größte Plage
Und leider merke, sprach man offen
Gerade der nichts, der betroffen
Dann nickte man diskret verhalten
Und ließ die Zeit den Raum gestalten
Man runzelte synchron die Stirn
Und tippte sich ans Doppelhirn:
Ich glaube, wenn auch noch verschwommen
Wir werden beide noch drauf kommen
Dann, Blick zur Uhr: Ich muss jetzt gehen
Zum Spiegel: Tja, auf Wiedersehen...

Roulett

Wieder rollt die Silberkugel
Hüpft und fällt im Zahlenstrudel
Klappernd in den kleinen Schacht
Schwarz, Pair, Manque, es ist die Acht
Lautlos, rasch und routiniert
Wird das Spielfeld leerplaniert
Schweißnass ist des Spielers Hand
Ante portas der Verstand
Einmal noch setzt er auf Zahl
All sein letztes Plastikgeld
Und durchlebt die süße Qual
Fiebernd bis die Kugel fällt
Zero dröhnt's ihm in den Ohren
Nichts geht mehr, er ist verloren
Und der grüne Tisch verschwimmt
Vor den Augen, doch er spielt
Sein Spiel weiter, ganz gezielt
Russisch diesmal – und gewinnt...

Murmel

Der König
eines fernen Riesenplaneten
hatte die Erde gekauft
für sein Kind
als Murmel
Das Königskind strahlte und sagte
Schaut her, sie lebt!
Und alle bei Hofe waren entzückt
über so viel
kindliche Phantasie

Faun

Maskenball in Hinterweiler
Reglos lehnt an einem Pfeiler
Wie den ganzen Abend schon
Hans, des Bürgermeisters Sohn
Sieht den Vater, Kostüm Faun
Tanzen mit des Rates Frauen
In der Faust hält Hans verbittert
Fleckig und schon stark zerknittert
Eine alte Luftpostkarte
Auf der steht: Komm' nach, ich warte!
Die, gestempelt vor Jahrzehnten
Letztes Zeichen der Ersehnten
War, das er erst heute fand
Vor dem Ball im Pansgewand
Wenn du mir vergeben kannst
Liest er zitternd weiter, Hans!
Und mich liebst, der rot vor Scham
Schon dein Vater alles nahm...
Tusch! Der greise Faun erhebt
Huldvoll seine Hand, es geht
Still nach draußen in die Nacht
Während drinnen alles lacht
Hans, vorbei am Goldenen Krug
Zu den Gleisen, vor den Zug

Symmetrie

Das Ohrläppchen fiel, die Dame schrie
Der Frisör sie der Überempfindlichkeit zieh
Und schnitt ihr, exakt, wie gerade zuvor
Symmetriehalber ab das andere Ohr
Die Dame, empört, erstach den Frisör
Und gestand die Tat nach kurzem Verhör

Von der Moral der Geschichte
      ließe lange sich reden
Die Dame schaut seither
      durch Gardinen aus Schweden

Gipfel

Der Bergsteiger stand auf dem Gipfel und sah
Die Welt und die anderen Berge ganz nah
Er griff nach den Wolken und erwischte auch eine
Und vertrat sich träumend noch ein Weilchen
      die Beine
Vertrat sich noch einmal, nur diesmal ins Leere
So erwies ihm die Schwerkraft die letzte Ehre

Ganz in Weiß

Vor dem Altar, im Hochzeitskleid
Stand blass die Braut vollzugsbereit
Bleich im Gesicht war auch ihr Herr Vater
Und merkwürdig weiß der würdige Pater
Denn schließlich war es das sechste Mal
Dass die Blasse sich ganz in Weiß empfahl
Die anderen fünf Gatten waren alle verschieden
Nach der Nacht nach der Hochzeit,
      früh um halb sieben
Doch diesmal, um acht, die Vögel schon sangen
Der Junker erwacht', mit neuem Verlangen
Und wollte sie wecken, die Blasse, nun grau
Blieb irgendwie kalt, seine neunte Frau

Umsatz

Ein Chirurg, der gerne schnitt
Hatte stets die Messer mit
Operierte ambulant
Jeden, der nicht widerstand
Schaute Kranken und Gesunden
In den Bauch, um zu erkunden
Ob nicht Leber, Milz und Magen
Einen kleinen Schnitt vertragen
Manchmal schnitt er um die Wette
Mit dem Schnitter, der auf nette
Art und Weise Sportsgeist zeigte
Und sich vor der Kunst verneigte
Auch mit klitzekleinen Messern
Noch den Umsatz zu verbessern

Der Archivar

Tief nachts oft saß der Archivar
Im Kerzenschein beim Samowar
Aus dem noch Rum mit Schwarztee tropfte
Der dumpf ihm in den Schläfen klopfte
Die Augen, müde schmale Schlitze
Entzifferten die alte Skizze
An der entschlüsselnd schon der Vater
Gescheitert war samt manchem Kater
Der Wind schlug hart ans Butzenfenster
Und weckte eins der Hausgespenster
Das durch des Samowares Hahn
In Tropfenform gequollen kam
Und auf dem Dokument zerfloss
Die Zeichen so zu Sinn vergoss
Du bist ein grüblerisches Wesen
War da in Urschrift schwach zu lesen
Dies Rätsel hast du nun gelöst
Derweil du wähnst, im Bette döst
Dein Weib, ob's wohl noch dorten ist?
Das Du verloren erst vermisst!
Der Archivar stand zitternd auf
Und kriegte einen Schluck-Schluckauf
Der ihm auch blieb seit jener Nacht
Vom Weib verlassen und verlacht

Brause

Ein Sittenstrolch aus gutem Hause
Trank mit den Opfern vorher Brause
Danach, drei Sterne müssen sein
Lud stilvoll er zum Essen ein
Und rief schon mal die Polizei
Auf Wunsch beim letzten Gang herbei
Verhör, Prozess, Verhandlungspause
Die Richterin trinkt gerne Brause
Das Urteil: Freispruch, lupenrein
Aus gutem Hause muss man sein

Ich?

Der Schatten meiner selbst verschwand
Mit meinem Ego an der Hand
Ich stand allein und fragte mich
Wer je von uns dem andern glich?
Weshalb wir, die wir Eins geboren
Uns mehr und mehr in uns verloren?

Wir würden uns einst wiedersehen
Das wusste ich, und uns verstehen!

Schwarz, halbfett

Frische Brötchen und Kaffee
Böig draußen, riecht nach Schnee
Druckfrisch duftend dünne Seiten
Blicke, Hände unruhig gleiten
Dorthin, wo die Namen stehen
Schwarz, halbfett, mit Rand versehen
Lebensdaten rasch verrechnend
Trägt die Greisin seltsam lächelnd
Name, Alter, winzig klein
Alles in ein Schulheft ein
Krachend beißen weiße Dritte
In die Konfitüreschnitte
Und das Ticken an der Wand
Klingt bis morgen ganz entspannt

Billett

Im Bistrowagen schwappten schwer
Die Plastikbiere hin und her
Der Pendlerzug fuhr in die Nacht
Verraucht, verschwitzt und auf Verdacht
Denn niemand wusste, ob die Gleise
Noch reichten für die kurze Reise
Die jeder täglich zweimal machte
Und keinen wirklich weiterbrachte
Im Dunst zog nun ein kleiner Mann
Ganz ohne Not die Bremse an
Und sprach etwas von Widerstand
Und wie er zu sich selber fand
Und dieses sei die Endstation
Das wisse er seit langem schon
Ganz still.
Sie treiben diesen dummen Spaß
Bald täglich ohne Unterlass!
Entfuhr gereizt es einer Dame
Am Tresen bei der Leuchtreklame
Wer möchte, fragte sie beklommen
Denn wirklich zu sich selber kommen?
Man schwieg.
Der Zug fuhr langsam wieder weiter
Begleitet draußen von dem Reiter
Der eine Sense mit sich führte
Und manchmal Billetts kontrollierte
Und den, dem es abhanden kam
Auf seinem Schimmel mit sich nahm

Wunderkind

Der Dirigent, es war vertrackt
Geriet notorisch aus dem Takt
Er wandte sich ans Publikum
Und bat es um Entschuldigung
Sein Blick fiel auf die alte Dame
Die, seine Mutter, stets Reklame
Für den so Hochbegabten machte
Den die Kritik längst schon verlachte
Probier's noch mal, hört' er sie flehen
Bevor die Ersten wieder gehen
Nein, Mutter, sprach er und zerbrach
Den Taktstock, das Symbol der Schmach
Die, überfordert, er ertrug
Zu lange schon, nun war's genug
Wie nie getragen vom Applaus
Schritt er ein letztes Mal hinaus
Die Mutter blieb allein zurück
Und hob ein kleines Taktstockstück
Vom Boden auf und saß noch lang
Vernahm von einst die unter Zwang
Erzeugten ersten Geigenklänge
Des Wunderkinds durch Mutterstrenge

Kürzlich in der Abendstunde

Kürzlich in der Abendstunde
Machte ein Gerücht die Runde
Henning Harmsons Bruder Heiner
Sei in Wahrheit gar nicht seiner
Vielmehr hätte Mutter Frauke
Etwas mit dem Leuchtturm-Hauke
Einst gehabt vor dreißig Jahren
War im Restlicht zu erfahren
Plötzlich stellt sich anders dar
Was vor langer Zeit geschah
Als am Fuß der Wendeltreppe
Die im Leuchtturm hoch sich wand
Damals zwischen Flut und Ebbe
Harmson Hauke leblos fand
Und der Amtsarzt, Harmsons Vetter
Glaubt' dem Beinah-Lebensretter
Wie sich vordergründig bot
Die Version vom Unfalltod

Seit noch in jener Vollmondnacht
Kind Heiner ward zur Welt gebracht
Hüllt der Verdrängung Schleier bleich
Sich sanft, so sanft um Dorf und Deich
Und Gras wuchs über manche Wunde
Bis kürzlich, in der Abendstunde

Edelkirsch

Die Gräfin trank vom Edelkirsch
Zuviel und schoss den großen Hirsch
Der ausgestopft im Jagdschloss hing
Herunter von der Wand und fing
Zu lachen an und trank noch mehr
Und schoss noch einen Eichelhäher
Der, auch ein längst erlegtes Tier
Fiel vom Kamin auf das Klavier
Dann rief sie ihren Koch hinzu
Und lallte 'was von Wildragout
Und feierte die gute Pirsch
Mit nochmals reichlich Edelkirsch
Dann schoss sie sich versehentlich
Ins Bein, aus dem ihr Blut entwich
Als spät am Abend dann der Graf
Vom Jagdausflug zurück eintraf
Da drangen beißende Gerüche
In Schwaden aus des Schlosses Küche
Wo die Trophäen bunt zusammen
Im Sud im großen Kessel schwammen
Daneben lag ein kurzer Brief
Vom Koch, der sich darauf berief
Der Tod der Gräfin, Ehrenwort
Sei selbstverschuldet und nicht Mord
Die Gute sei ganz schlicht verblutet
Und nicht gemeuchelt, wie vermutet
Doch da ihm dies wohl keiner glaube
Mach' er sich besser aus dem Staube

Reinemachen

Die Hausfrau
putzte
unentwegt
Jetzt hat
der Tod
sie weggefegt

Mitgegangen

Nein
zu einer Begegnung sei es nicht mehr gekommen
seit der Trennung
Irgendwann müsse man ja auch
loslassen können
Aber einfach sei es natürlich nicht gewesen
plötzlich so ganz auf sich allein gestellt
All die Jahre immer mitgegangen
zum Automaten
ohne Widerspruch, sozusagen
Kadavergehorsam
Aber vielleicht war ja gerade das der Fehler ...
kam das Raucherbein auf einmal ins Grübeln
und rutschte unruhig auf der Couch hin und her
Interessant!
sagte sein Psychotherapeut
und steckte sich gedankenvoll eine Zigarette an
und schlug die Beine übereinander
Eines über das andere ...

Saure Nieren

Einer Schuhverkäuferin
Fehlte sehr der Lebenssinn
Und, um dies zu kompensieren
Aß sie ständig Saure Nieren
Las Gebrüder Grimm und Hegel
Kaute kümmernd Hühnerschlegel
Immer selt'ner setzte sie
Ein Paar Schuhe ab und die
Meist noch in der falschen Größe
Wohlverdrängt durch rohe Klöße
Eines Tages trat ein Prinz
In ihr Leben: Pfefferminz
Sei ein Mittel, sprach er, gegen
Mundgeruch, dem Grund weswegen
Sich ihr Leben nicht erfülle
Schob ihr eine Minzpastille
In den Mund und küsste zart
Ihre Lippen solcherart
Wie nur Märchenprinzen küssen
Die es einfach besser wissen
Aus dem Buch: Der Kuss bei Hofe
Worin steht: Küss nie die Zofe
Und der Schuhverkäuferin
Gib dich allenfalls nur hin
Wenn du diese wirklich liebst
Und ihr deine Seele gibst
Doch zuvor, Prinz, lass dir raten
Prüfe dringend ihren Atem
Denn: Geruch von Sauren Nieren
Würde unseren Stand blamieren

Nikolaus

Ein Nikolaus aus Schokoguss
Brach beim Verzehr sich einen Fuß
Brach mehr sich noch, den Arm, die Hand
Und das Genick, als er verschwand

Sein Tod war sinnlos, denn es brach
Der ihn verzehrte kurz danach

Toll

Beim Pilzesuchen kam Herrn Spor
Ein Steinpilz äußerst seltsam vor
Der war ganz rot, mit weißen Punkten
Weshalb sie bald dem Notarzt funkten
Die Spor betäubt am Boden fanden
Den sie ja noch vom Vortag kannten
Da hatte er beim Kirschenessen
Versehentlich das Toll vergessen

Herz

Goldene Feder strich behende
Über Bütten, glatte Hände
Falteten, die Zunge netzte
Briefempfänger alsbald schlitzte
Sich die Adern längs am Puls
Sind gefeuert! Herzlichst Schulz

Schulz mit Bypass Nummer Drei
Erster Enkel, Frau die Zwei
Schickt noch Kranz mit Trauerschleife
Kondoliert, der nicht begreife
Wie ein solch gesunder Mann
Plötzlich einfach sterben kann
Tröstlich sei allein im Schmerz
Des Erlösten Spenderherz

Politik, Kirche, Gesellschaft

Morgen abend, selber Ort

Ein Reporter ohne Glück
Brachte nichts vom Tag zurück
In die Abendredaktion
Ging so eine Weile schon
Sprach der Chef vom Dienst erbittert
Dass, wer keine Story wittert
Unerwünscht sei und fortan
Besser stempeln gehen kann
Doch die letzte, bot er an
Chance habe jeder Mann
Morgen abend, selber Ort
Bildbericht von einem Mord
Vierundzwanzig Stunden später
Fielen Schüsse und der Täter
Fragte, ob es recht so sei
Und schoss Fotos nebenbei
Die den Chef vom Dienst so zeigten
Wie er gern sie den geneigten
Lesern schamlos präsentierte
Nur, dass diesmal er posierte

Fern

Die Fernbedienungsmenschheit giert
Nach Fernsehkrieg, gut inszeniert
Gefesselt sieht man fernes Sterben
Dazwischen Spots für Seife werben
Dann schaut man sich im Spätprogramm
Die Greuel nochmal von vorne an
Und schüttelt abgestumpft den Kopf
Und gähnt und drückt den kleinen Knopf
Der, wie von Militärs erdacht
Ein fernbedientes Ende macht

Väter Väter

Wie politisch abgesprochen
War der Weltkrieg ausgebrochen
Nur man hatte nicht gefragt
Was dazu das Kind wohl sagt'
Das zurück als Krüppel blieb
Und vergeblich Briefe schrieb
An den Vater, der ihm fehlt
Und zu den Vermissten zählt
Das auch nicht versteht warum
Bringen Väter Väter um?
Nur, weil wenige beschließen
Dass die vielen sich erschießen?!

Frieden ist

Frieden ist ein scheuer Vogel
Ganz erschöpft vom langen Flug
Ließe er sich gerne nieder
Der sein Nest verloren hat
Sitzen Falken drin und brüten
Eier aus mit jungen Falken
Die den Scheuen und den Müden
Für den Feind des Nestes halten

Gefallen

Die Aktien bei Kriegsausbruch kurzfristig
Gefallen
Auf Dauer nur die Soldaten

Sommerloch

Im Sommerloch verschwand Frau K.
War plötzlich weg und nicht mehr da
Ihr Mann verständigte nach Tagen
Die Polizei, die ein paar Fragen
Routinemäßig stellen musste
Auch wenn Herr K. schon kaum mehr wusste
Wie die Vermisste richtig hieß
Die ganz von selbst, die keiner stieß
Ins Sommerloch, das nebenbei
So K., nun mal recht tückisch sei
In dieser Sauregurkenzeit
Verschwinde manche Kleinigkeit
Darin und tauche nur noch auf
Im dünnen Blatt, am Tag darauf
Wie heute wieder: Frauenhand
Von Kind entdeckt am Badestrand
Die Polizisten lachten und verschwanden
Um nach dem Sandburgdieb zu fahnden

a tempo

Das kleine Kreuz am Straßenrand
Zeigt, dass ein Mensch sein Ende fand
An dieser Stelle, gestern erst
An der vorbei du täglich fährst
Du nimmst ganz sacht' den Fuß vom Gas
Versagst dir kurz den Tempospaß
Die Frage lässt dir keine Ruh
Wer war der andre, wer bist du?
Und wohin führt uns diese Straße?
Denkst du in deiner Melophase
Das Radio säuselt leise Liszt
Wenn das nicht tief bewegend ist
Doch Schluss jetzt mit der schönen Trauer
Sonst wird der Hintermann noch sauer

Im Dienst der Kunst

Premierenfeier, Kir Royal
Zum Knabbern Chips und Resopal
Die Szene smalltalkt eloquent
Der Eitelkeit zum Dokument
Der Herr Minister für Kultur
Schaut gähnend auf die Spielzeuguhr
Das zeitlos schöne Gastgeschenk
An seinem dünnen Handgelenk
Dann zelebriert er ein paar Worte
Und skalpelliert die Dreistocktorte
Mission erfüllt, er möchte gehn
Doch muss er zur Verfügung stehn
Vor ihm, dem Funktionär der Kunst
Verneigt man sich und hofft auf Gunst
Begehrlich prostet man ihm zu
Entwaffnend bietet er das Du
Opportunisten, hier zu Haus
Kühlt er mit seinem Lächeln aus
Visitenkarten wandern leise
In seine Tasche vor der Reise
Zum Abfallkorb auf der Toilette
Der Who-is-Who-Endlagerstätte
Zufrieden wäscht sich da die Hände
Wer hier nicht seinen Namen fände

Live

Die Gäste der Game-Show waren locker
      und fröhlich
und der Showfritze fragte sie kumpelhaft ölig
Macht ihr mit, wir haben
ein ganz neues Spiel
die Regeln sind einfach
und es geht um viel
Wieder nickten spontan die Kandidaten ergeben
und in die Kamera lachend
ließen sie live ihr Leben
und sie kriegten ja schließlich
dass da keiner schlecht denkt
ein jeder von ihnen
eine Reise geschenkt...

Mac Cannibal

Angelockt vom Neongott
kamen die späten Gäste
aus der dampfenden Amazonasnacht
und betraten
das neueröffnete Fast-Food-Restaurant
In offensichtlicher Verkennung
der sich bietenden
multikulturellen Chance
rührten sie
die geheimnisvoll verpackten Weichteile
vorsichtshalber nicht an
und taten sich
ihrem antrophagen Reflex folgend
gütlich am Personal

König Alkohol

Gewählt vom Volk
wie kein zweiter Monarch
unter den Brücken zu Hause
wie in der hohen Diplomatie
weht doch verpönt
seine Fahne verborgen

Die Hände des Pianisten

Die Hände des berühmten Pianisten
meinte seine Frau
sollten auch einmal
waschen, bügeln, saugen
nicht wahr?!
Und so wusch er
und bügelte
und saugte den Staub
während sie ihn vertrat
bei einem langersehnten Konzert
in der Provinz

Lachs und Konsorten

Die dritte Welt hungert
Die erste Welt lungert
Herum vor der Glotze, guckt Werbung
Für Futter für Katzen
Mit Lachs und Konsorten
Für Katzen an Orten
Wo Kinder schon lange nicht leben!

Sonntag

Im Fernsehen
regnete es in Strömen
Fixiert lagen die Kinder auf dem Boden
Die Eltern
auf der Couch
blätterten in Südseereisen
Draußen schien die Sonne
und drinnen alles in Ordnung

Etwas zu weit

Ein Scheich im Golfklub von Kuwait
Schlug einen Ball etwas zu weit
Und traf im Hafen einen Tanker
Der dort ganz friedlich lag vor Anker
Dies gab sofort weltweit Konflikte
Der Dialog riss ab, die Bombe tickte
Doch tat sie dieses nicht schon immer?
Kein Mensch nahm's ernst im Fernsehzimmer
Und einfach so, ganz ohne Thrill
War's auf der Erde plötzlich still

Auf die Bibel

Schließlich hätten sie ja schon immer
auf die Bibel
geschworen
betonten einige eilfertige Juristen
beim Jüngsten Gericht
und buhlten bußfertig
um Beistellung doch wenigstens eines
      Pflichtverteidigers
für die Menschheit
Schwierige Aufgabe zu übernehmen bereit
      erklärt habe sich
ein gewisser Doktor Gabriel

Zeitverschiebung

Alles ist machbar
ließen die Weltuntergangster
fröhlich wissen
und lösten
ganz nebenbei
das lästige Problem
der Zeitverschiebung
Auf einmal war es nämlich
überall
fünf vor zwölf

Klein

Der kleine Waffenfabrikant
War kultiviert und sehr charmant
Und gern gesehen in feinen Kreisen
Beim Cocktailplausch mit kleinen Speisen
Sein kleines Haus, hoch überm See
War Treffpunkt oft zum Fünfuhrtee
Dort saß man dann, genoss den Blick
Bis spät bei kleiner Nachtmusik
Und kaufte schon mal nebenbei
Zwei kleine Panzer oder drei
Und sammelte stets etwas Geld
Fürs Rote Kreuz in aller Welt

Nachts träume er von Heckenschützen
Und Kindern, tot, in roten Pfützen
Erzählte seine kleinen Sorgen
Dem Therapeuten er am Morgen
Doch andererseits, wenn er erwache
Selbst kinderlos, erleichtert lache

Frau Claire

Hochwürden las die Morgenmesse
Und dann zuhaus die Tagespresse
Dabei trank er ein Tässchen Tee
Und kratzte sich am großen Zeh
Dann aß er mittag, schlief danach
So gegen vier Uhr, wieder wach
Rief er sogleich ein Schäfchen an
Und sagte sich zum Kaffee an
Dort sprach er über Glaubensfragen
Was Priester ja so an sich haben
Und lieh sich einen Krimi aus
Als Bettlektüre für zuhaus
Am Abend dann, erschöpft vom Tage
Begab er sich in Ruhelage
Und las gefesselt Seit' um Seite
Von einem Mörder, der bis heute
Hochwürden schluckt' bei diesen Worten
In Kleruskreisen pflegt zu morden
Und noch auf freiem Fuße sei
Hochwürden, zitternd, rief herbei
Frau Claire, die ihm den Haushalt machte
Und ihn schon auch mal nachts bewachte
Allein ein bisschen dumm war nur
Frau Claire war die Romanfigur

Knall

Bevölkerungsexplosion?
wiederholte der Papst ungläubig
Hat irgend jemand
einen Knall gehört?

Das Zimmer

Das Zimmer, in dem Agathe schlief
War zwei Meter breit und dreieinhalb tief
Ein Tisch, ein Stuhl, das Bett und ein Herd
Ein paar Bilder, schwarzweiß mit Erinnerungswert
Sie machte sich abends ein Glas Tee mit Rum
Und zog sich dann rasch für die Nachtruhe um
So stand sie am Fenster und sah ihr Gesicht
Mit den Wolken verspiegelt im letzten Licht
Vielleicht fand sie ja in der Nachttischschublade
In Silberfolie noch Bitterschok'lade
Dann waren auf einmal, was keiner mehr sah
Die vielen Falten zum Lächeln nur da
Und Agathe nahm eines der Bilder zur Hand
Betrachtete es und den Fleck an der Wand
Und erinnerte sich wieder an jenes Jahr
An den Vater, die Mutter und das Kind, das sie war
So fand sie die Frühschicht, noch sitzend
    und schauend
Und der Heimleiter forderte kaugummikauend
Sofort räumen und desinfizieren, wie immer
Neuvergabe zwölf Uhr, dann brauch' ich
    das Zimmer!

Umwelt, Zeitzeichen

Halb so schlimm

Die Nordsee ist
total verdreckt
Macht nichts,
denn kürzlich
hat man erst entdeckt
dass der Atlantik ja
noch allerhand
verträgt

Credo

Der Wald stirbt
Wie man weiß
Ganz langsam vor sich hin

Was bin ich froh
Dass ich ein Mensch
Und keiner von den Bäumen bin!

Luft weg

Eines Tages
Hatte das Ozonloch
Eine bestimmte Größe erreicht
Und durch es hindurch
Schwappte die Erde
Hinaus ins All
Da blieb sogar
Den Herstellern von Treibgas
Die Luft weg

Klar!

Man rodete die Regenwälder
Bis nichts mehr davon übrig war
Und investierte dann die Gelder
Um wieder aufzuforsten, klar!
Was, spät zwar, doch für Einsicht spricht
Nur, leider, klappte dieses nicht

Ersatz

Die Alpen bilden sich zurück
Was ist es da doch für ein Glück
Dass täglich so viel Müll anfällt
Der durchaus Bergersatz darstellt

Ei an sich

Immerhin Minimalkonsens erzielen
konnten die erbitterten Gegner in der
    Abtreibungsfrage
nach hitzigem Fernsehtalk
am kalten Buffet
Das unbefruchtete Ei an sich
stelle so gesehen
noch kein Leben dar
war immer wieder undeutlich
zwischen zwei schwarzglänzenden
    Kaviar-Kanapees zu hören

Light

Am Ende der superlangen Leichtzigarette
hing
eine überaus schlanke Blonde
und sog
die extrem niedrigen Werte
so gierig in sich hinein
als ginge es um ihr Leben

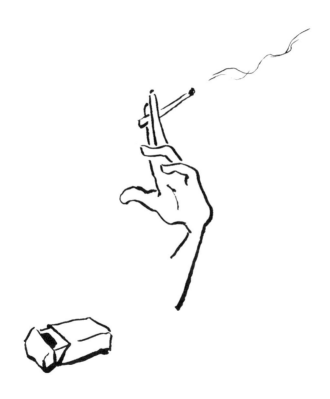

Blau

Ökologische Verantwortung
und globales Denken
bestimmen die Philosophie heute
eines jeden großen Unternehmens
Geradezu vorbildlich die Hersteller von Spirituosen
deren besonderes Anliegen
von jeher
die Erhaltung unseres blauen Planeten war

Trend

Der allgemeine Trend zur Kleinstaaterei
hält an
Nach dem Zerfall der Sowjetunion
droht nun auch der amerikanische Kontinent
auseinanderzubrechen
Unbestätigten Gerüchten zufolge
soll bereits Disneyland
seine Unabhängigkeit
ausgerufen haben

Kahlschlag

Jetzt fällen sie den besten Baum
Und sagen, dass er krank gewesen
Und kehren mit dem Eisenbesen
Die Späne weg von einem Traum
Schon drohen sie den nächsten Bäumen
Im Birkenwald nun aufzuräumen
Denn wo die Kettensägen klingen
Hört keiner mehr die Vögel singen

Walium

Der letzte Wal müsse
dringend
gefangen werden für wissenschaftliche Zwecke
danach aber sei
beruhigten die Beruhiger die Beunruhigten
ganz sicher
Schluss

Fabeln

Keine Solidarität unter Tieren

Der kleine Igel auf der Straße
War blutverschmiert um seine Nase
Er wollte nur nach drüben gehen
Um nach der Nachbarin zu sehen
Doch mitten auf dem Zebrastreifen
Erwischte ihn ein Autoreifen
Und die Moral von der Geschicht'
Das Zebra hilft dem Igel nicht

Die Zecke

In des Gasthofs stiller Ecke
Saß eine kleine, müde Zecke
Sie war von weit her angereist
Und hatte Krümel nur gespeist
Nun trank sie gänzlich ohne Gier
An einem kleinen Gläschen Bier
Sie lachte leise vor sich hin
Und dacht': Wie glücklich ich heut' bin
Bald wurde ihr das Köpfchen schwer
Sie nahm das Glas und trank es leer
Und wollt' noch vor dem Schlafen beten
Doch achtlos hat man sie zertreten

Drama am Rande

Der Goldfisch in der Nudelsuppe
Liebte eine Spielzeugpuppe
Die saß am Suppenschüsselrand
Und starrte traurig an die Wand
Der Goldfisch dacht': Ich brauch' Gewalt
Sonst wird mir noch die Suppe kalt
Drum sprang er wie ein fliegender Fisch
Zu seiner Puppe auf den Tisch
Doch diese keineswegs erschrocken
Blieb reglos an der Schüssel hocken
Bald kam die große Atemnot
Von Lieb' verzehrt fand er den Tod

Die überlisteten Mäuse auf dem Speicher

Wie der Sprecher der Mäuse
mitteilte
hatten diese eine unruhige Nacht
gehabt

Voll Ungeduld saßen sie deshalb auch schon
in aller Frühe
am schrägen Dachfenster und
warteten auf das Morgenrot
sich zu beruhigen

Dreizehn Dutzend
Mäusestecknadelaugenpaare
ostwärts
hoffend

Nur eine
die saß noch in ihrem Loch und
löste Kreuzworträtsel
weil sie sich schon immer gedacht hatte,
dass die Sonne eines Tages nicht aufgehen
      werde

Viele, viele Briefe

Der kleine Kaktus in der Wüste
War traurig, weil ihn keiner grüßte
So winkte er zwar oft und gerne
Den Karawanen in der Ferne
Und schrieb auch viele, viele Briefe
An Palmen, Dünen und Kalife
Doch niemand nahm Notiz davon
Von ihm, dem kleinen Wüstensohn
Der einmal nur in seinem Leben
Gleich wem, egal, die Hand wollt' geben
Er starb nach langer Trockenheit
Verdurstet und in Einsamkeit

Ein Sandkorn, das den Kaktus liebte
Merkte zu spät, was es versiebte

Groß und klein

Ein Haifisch ohne Mordgedanken
Geriet ganz plötzlich doch ins Wanken
Beim Anblick einer Heringsgruppe
Verspürt' er Lust auf Metzelsuppe
Doch keiner in dem Matjesschwarm
Schlug den gewohnten Haialarm
So nahm das Schicksal seinen Lauf
Der Große fraß die Kleinen auf

Humanist

Eine Fliege saß betrunken
An der Theke mit Halunken
Die ihr einen Flügel brachen
Und genüsslich davon sprachen
Ihr den andern auch zu knicken
Und ein Beinchen abzuzwicken
Kam ein Humanist hinzu
Rief: Die Fliege lasst in Ruh!
Hieb die Faust zur Untermalung
Auf die edle Holzverschalung
An der Theke und verschwand
Mit der Fliege an der Hand

Die Schnake

Die Schnake stach, sog samtsüßen Saft
Sog soviel, sog zuviel
Beim Abflug erschlafft
An Höhe verlierend
Im Sturzflug bald trudelnd
Zerplatzend am Boden, sich purpurn besudelnd

Königlich

Ein verzauberter Prinz
fiel der Froschschenkelproduktion
zum Opfer
Seiner nichtsahnenden Angebeteten
königlich mundend

Schlosshund

Nachsinnend
über die Unvereinbarkeit von Geometrie
    und Liebe
und ein paar Kettenglieder mehr
zogen sie noch einmal vorbei
an seinem inneren Auge
all die gefühllos weitergezerrten
bezaubernden Damen
von denen allein ihm das Nachsehen blieb
auf seiner Kreisbahn der Entsagung
hinfortgetragen nun, verscharrt drüben im Park
wie sein Vorgänger einst ihn
vernimmt er die Klage
des von der Nabelschnur an die Kette gelegten
Jungen

Faden

Erhängt
An der Wand
Hängt der Hampelmann
Einst zogen wir dran
Als Kinder und lachten
Und zogen und dachten
Das Leben sei endlos
Man braucht nur zu ziehen
Am Faden des Lebens
Der zuzieht
Sich Windung um Windung um Hampelmanns
    Hals

Wie im Flug

Am Ufer stand Herr Salomon
Und spielte laut das Grammophon
Die Möwen warn recht angetan
Vom Tenor und vom Sopran
Doch plötzlich blieb die Platte hängen
Bei immerzu denselben Klängen
Und für Sekunden rang die Zeit
Vergeblich mit der Ewigkeit

Die Libelle

Die Libelle las ein Buch
Las von sich im roten Tuch
Als Libellenkönigin
Las so schwebend vor sich hin
Träumte schon von Staatsempfängen
Zwischen Schilf- und Rohrgestängen
Las von einem bösen Fluch
Lastend auf dem roten Tuch
Das der Flügel Pergament
Einst der Königin verbrennt
Sah bestürzt und fasziniert
Nun das Tuch, das reich verziert
Noch soeben ihr Verlangen
An den Rändern Feuer fangen
Konnte nicht vom Lesen lassen
Wollte nicht den Schluss verpassen
Was der Königin passiert
Gleich der Leserin flambiert
Findet sie als Grillibelle
Zuspruch bei der Bachforelle

Hilfe

Ein Schneemann suchte am Nordpol Asyl
Verweigert, Begründung: Es schneie zuviel
Jedoch der Karotte sei's gerne gewährt
Dies sei schließlich Hilfe, von der man noch zehrt

Der Nase beraubt und traurig im Sinn
Über fließende Grenzen, so ging er dahin

Unter Wert

Mit unbewegter Miene
wies die Schaufensterpuppe
den Heiratsantrag
zurück
An ihrem Ringfinger
baumelte ein Schild
mit dem Preis

Bildung mit Haken

Ein Regenwurm mit Abitur
Hing zappelnd an der Angelschnur
Und fand im Wasser so den Tod
Dort herrscht jetzt wieder Bildungsnot

Vogelflug

Ein Spatz und eine Haubenmeise
Gingen einst auf große Reise
Sie flogen erst nach Rom und Pisa
Das ging noch leicht und ohne Visa
Dann folgten Genf und Kopenhagen
Das kannten sie vom Hörensagen
Dort kauften sie sich warme Sachen
Um sich zum Nordpol aufzumachen
Bei Reykjavik, so wird berichtet,
Hat man die beiden noch mal gesichtet
Dann verliert sich die Spur im hohen Norden
Und es gehen Gerüchte von zwei
    grässlichen Morden
Zum Beispiel, so spekuliert man seit
    neuestem nun
Könnte ein Eisbär durchaus etwas so
    Schreckliches tun
Oder auch eine Bande von Killerwalen
Bemüht man sich schaudernd auszumalen
Doch was auch immer geschehen ist
Bleibt Geheimnis des Schicksals und zu sagen:
    Vermisst . . .

An Sardine

Liegst so eng an meinem Leib
Du mein tief geliebtes Weib
Verbringst mit mir die dunklen Stunden
In der fest geschlossnen Höhle
Ganz umhüllt von dickem Öle
Bis ein Käufer sich gefunden
Dem wir schließlich salzig munden

Der Mann im Mond

Ich kannte einst den Mann im Mond
Er hat bei uns im Haus gewohnt
Und zwar ganz oben unterm Dach
Hatt' er sein kleines Schlafgemach
Niemals sprach er auch nur ein Wort
Und nachts, da war er meistens fort
Ich war ein Kind in jener Zeit
Und weiß noch jede Kleinigkeit
Erinnere den grauen Morgen
An dem es hieß er sei gestorben
Und man nach Anverwandten fragte
Worauf ich leise weinend sagte
Der Sonne Licht, des Mondes Krater
Die waren Mutter ihm und Vater
Doch bitte lasst ihn hier bei mir
Er ist nicht tot, das glaubt nur Ihr
Da strich er, völlig unsichtbar
Mir wie zum Dank durchs kurze Haar
Und heute noch in mancher Nacht
Ist er's, der hoch am Himmel lacht
Und in der Kammer unterm Dach
Lieg' ich dann oft noch lange wach
Und denke an die Ewigkeit
Der unvergessnen Kinderzeit

Peter Frey

Der Autor der »schwarzen Gedichte« wurde 1957 in Freiburg geboren. Er absolvierte eine umfassende klassische Ausbildung am Klavier. Nach Abitur und Zivildienst studierte Frey Theaterwissenschaften in München, wo er von 1981 bis 1983 als freier Theaterregisseur tätig war. Seit Mitte der 80er Jahre lebt er mit seiner Familie in Ravensburg.

Frey ist Autor, Regisseur und Drehbuchautor sowie Dozent für Film und Werbefilm an der Berufsakademie Ravensburg.

1982 gründete er die Frey Film GmbH, die seither viele erfolgreiche Kurz-, Dokumentar- und Werbefilme für Kino und Fernsehen hergestellt hat. Frey erhielt zahlreiche Preise und Auszeichnungen für seine Filme, so auch den Kurzfilmpreis des Hauptverbandes Deutscher Filmtheater für »Wie gewonnen so zerronnen« (1985). Sein Film »Samstag, 15 Uhr« (1989) war offizieller deutscher Beitrag beim »World Film Festival Montreal '90« und wurde mit dem ersten Preis der Bundeszentrale für politische Bildung ausgezeichnet.

1985 gründete Frey zusammen mit Albert Bauer das Theater Ravensburg und schuf damit das erste professionelle Ensemble zwischen Ulm und Konstanz.

1980 erhielt Frey den zweiten Preis beim Internationalen Jungautorenwettbewerb der Regensburger Schriftstellergruppe. Seit 1987 hat er mit seinen »schwarzen Gedichten« regelmäßige Veröffentlichungen in der »Neuen Zürcher Zeitung«.

Bernhard Gögler

Der Autor der Illustrationen in diesem Buch wurde 1971 in Wangen im Allgäu geboren. 1988 beendete er seine Ausbildung zum Schauwerbegestalter, seit 1993 ist er selbständig und agiert bundesweit als Interieurdesigner und Dekorationsmaler. Gögler lebt heute in Ravensburg und absolviert ein Studium für »Grafikdesign« an der Schule für Gestaltung in Ravensburg.